U0062907

冲段必备

化繁为简学围棋

小目大飞守角

邹俊杰 著

山西出版传媒集团　书海出版社

图书在版编目（CIP）数据

化繁为简学围棋. 小目大飞守角 / 邹俊杰著. —太
原：书海出版社，2023.6
　　ISBN 978-7-5571-0111-4

　　Ⅰ. ①化… Ⅱ. ①邹… Ⅲ. ①围棋—基本知识 Ⅳ.
①G891.3

中国国家版本馆 CIP 数据核字（2023）第 076460 号

化繁为简学围棋. 小目大飞守角

著　　者：	邹俊杰
责任编辑：	张　洁
执行编辑：	侯天祥
助理编辑：	王逸雪
复　　审：	崔人杰
终　　审：	梁晋华
装帧设计：	谢　成

出 版 者：	山西出版传媒集团·书海出版社
地　　址：	太原市建设南路21号
邮　　编：	030012
发行营销：	0351-4922220　4955996　4956039　4922127（传真）
天猫官网：	https://sxrmcbs.tmall.com　电话：0351-4922159
E－mail：	sxskcb@163.com　发行部
	sxskcb@126.com　总编室
网　　址：	www.sxskcb.com

经 销 者：	山西出版传媒集团·书海出版社
承 印 厂：	山西出版传媒集团·山西人民印刷有限责任公司

开　　本：	787mm×1092mm　1/32
印　　张：	5.25
字　　数：	70千字
版　　次：	2023年6月　第1版
印　　次：	2023年6月　第1次印刷
书　　号：	ISBN 978-7-5571-0111-4
定　　价：	20.00元

如有印装质量问题请与本社联系调换

前　言

哈喽，大家好，我是邹俊杰。熟悉我的朋友们应该知道，我之前写过一套围棋系列书籍叫做《变与不变》。这一晃，都快十年了，无论怎样"变与不变"，围棋终究是变了。AI的出现，给围棋技术带来了革命性的变化，很多下法被淘汰，同时，也有了很多创新的下法。怎么说呢？

AI的出现，让我们所有的围棋人，都重新开始学习围棋。这次，我就是来和大家分享我的学习笔记的。

我们都知道，AI具备着超强大的算力。因此，AI的很多招法背后的逻辑是难以理解的。并且，它是机器，只告诉你胜率，一个冰冷的数据。它没法告诉你它的逻辑推理过程、它的思考方式，您只能自己去揣摩。它也没有情感，不知道人类擅长掌握什么局面，棋手之间的风格差异和个人喜好。所以，即使是顶尖的职业选手用AI学习，AI也不能教授他们如何控制局面，将局面简化并把优势保持到终点。因为，AI只会告诉你：胜率！胜率！胜率！

对不起，这个胜率是AI眼中的胜率，不是你眼中的胜率！就像乔丹告诉你，他可以在罚球线起跳，并且在空中滑行的过程中，抽空想想今晚是吃披萨还是牛排，喝哪个品牌的红酒。然后，再将篮球轻松地灌进篮筐。对不起，你就是原地扣篮也是不太可能的事，更别说罚球线扣篮了。

所以，AI的招法我们是需要简化地学习的。也就是说，化繁为简，放弃一些复杂的下法，找到相对简明又能控制局面的下法，这才是关键！如同健身一样，每个人能力不同，训练力量的强度则不同。咱们必须找到适合自己的下法，这才是最重要的！毕竟，围棋需要咱们自己去下，你不能总拿着AI的胜率去指点江山。如果靠嘴下棋可以赢棋，我想我也可以和乔丹较量一下篮球啦。

好啦！讲了这么多废话，我写这套书的目的是什么呢？我就是想让大家轻松地学习AI的招法。

无论是开局定式还是实战常型，我都想把我对AI下法的理解，配合全局的思考，以及我个人对局面的喜好呈现给大家，让大家能更好地理解和掌握一些流行的下法。

我们都知道，围棋始终是计算的游戏。提高计算力最好的方式就是做死活题。但当你有了一定的计算基础，掌握一些流行定式和实战常型的下法就是如虎添翼，会让你的实战能力得到极大的提高！

而光看AI的胜率是很枯燥的，它没有情感。人类的柴米油盐酱醋茶、琴棋书画诗酒花，AI完全不懂！并且，围棋中很多非常复杂的战斗，即使有AI辅助，人类依然很难搞明白。

所以，我就想，咱能不能化繁为简，让大家轻松学AI呢？

我想试试看！希望这次出版的系列作品，能给大家带来精神的愉悦和棋力的提高。如果一不小心，能帮助您多赢几盘棋，升个段啥的，我就非常愉快啦！

图一

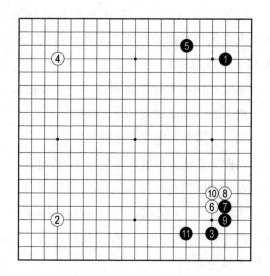

本期咱们来聊聊小目大飞守角。

AI时代来临之后，小目大飞守角、小目单关守角、小目二间守角都比较流行。

别着急，咱们今后都会讲，一个都不能少！

同学们有没有发现，小目小飞守角，也就是以前流行的"无忧角"，近来似乎下得比较少。大家知道是啥原因吗？

邹老师，我知道！听说守"无忧角"会掉胜率！

错！

掉那一点点胜率，你认为和胜负有关系吗？人类的围棋水平真要到了那种高度，还会被 AI 老师按地板上摩擦吗？

这就好像我和你擦肩而过，不小心蹭掉了你一根头发，你非说我揍了你一顿。

呃……还能不能愉快地做朋友啦！

因此，我认为掉胜率不是根本原因！

真正的原因是—— fashion！

古往今来，时尚都是会变的！今年流行红色，明年可能就是绿色。现在流行苗条，可唐朝以丰满为美！

所以，说不定哪一天"无忧角"就会引领潮流！

好啦，等"无忧角"流行起来咱们再讲，我们先讲目前流行的守角方式。

要紧跟时代的潮流，才能做最靓的仔！

图二

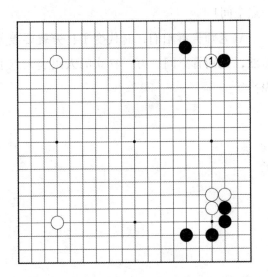

提到小目大飞守角，就不能绕开白1的碰！

从围棋术语来说，白1可叫"碰"，也可以称为"靠"。

只不过，如果叫"靠"的话，就变成了——我靠！

呃……好像有些不太礼貌。

如果没有AI老师启发，人类棋手很难想到开局就这么碰上去！咱们从小接受的围棋学习，老师一般都会说，开局尽量不要贴着对手下。

就好像谈恋爱，不能逼得太紧，要给彼此一点空间！

AI老师告诉咱们，时代变了！爱就要轰轰烈烈，先别管空间，万一喜欢的人跟别人跑了呢！

图三

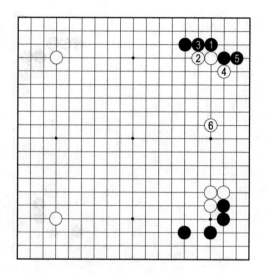

对付白棋的碰，黑1扳角里，是最容易想到的。

白2长，没掌握到AI老师的精髓。

至白6，这棋形是不是有些熟悉？

图四

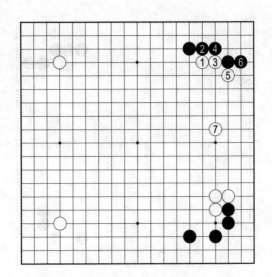

AI老师还没出生的时候，人类棋手经常这么下。

只不过，和上图比较，行棋次序不一样！

在以前，白1、3、5是特殊场合的手段。

一般认为，白棋的手法有些俗，局部稍亏！

不过，至白7，AI老师认为，白棋形势也不差！

意外吧？人类眼里的俗手，其实也未必坏！

图五

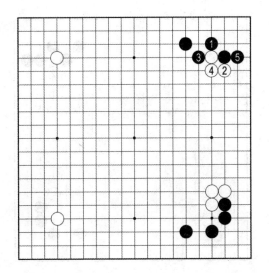

　　尽管上图白棋形势也不坏，但有更好的下法，为什么要拒绝呢？

　　白2扳，才是此时的正手！

　　黑3、5是正常的应对。

图六

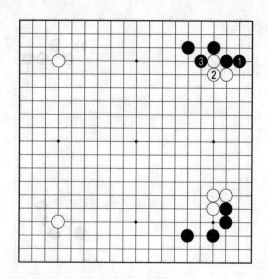

黑棋也有在1位立的下法。

别换了马甲就不认识了!

白2粘依然是要点,还原到上图。

小白:"都不明白你在瞎折腾个啥!"

小黑:"换了造型,是不是还是那么帅,像风一样的男子?"

小白:"确认过了,你是疯子。"

图七

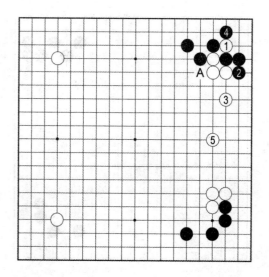

记住局部的要点，白1断！灵魂的拷问！

备注：白1不是唯一的一手！白也可于A位拐，但局部差距不大，咱们重点讲讲白1断就好啦！

至白5，是双方都可接受的定型。

小黑："都不知道你在干嘛，送死吗？"

小白："黑2与白3的交换，是我想要的！"

图八

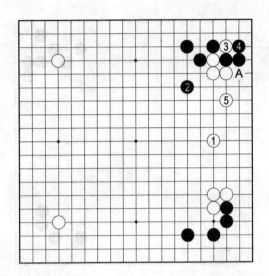

　　如果白1直接拆，黑2飞，白3此时再断，意义就不大了。白5需要回防。

　　与上图作个比较，相当于黑A位的子力挪到黑2的位置。

　　是不是有被黑棋便宜的感觉？

　　实际上，差距也不大。

　　小白："你休想占我一毛钱的便宜！"

图九

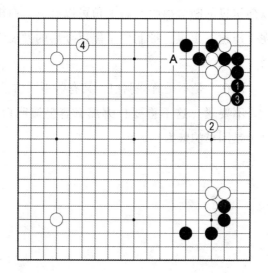

接图八，黑1长会如何？

白棋想轻易地转身，不是那么容易的。

小黑："你莫走！"

小白："我不走，我养条狗。"

小黑："商量一下，能不能别养阿法狗。"

白2飞是简明的处理。

至白4，双方形势依然很接近。

今后，白在A位尖冲是后续的行棋步调。

进程中，黑3也可脱先抢大场。

是不是有些看不懂？

白棋角上三颗子轻处理！还记得，邹老师以前讲过的断舍离吗？右上角可以看成，白棋先手压迫了黑棋，抑制住了黑棋今后的发展潜力。

现在，是不是有些明白，又有些不明白？

不要紧，这不重要！哪那么容易搞明白，这才是围棋的魅力！

图十

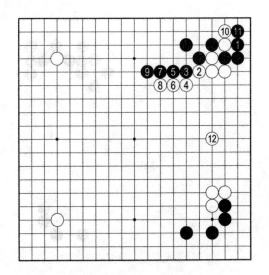

还有一个问题，咱们需要解决。

黑1拐吃，白棋究竟想干嘛？

至白12，是双方正常的进行，大致两分。

对于本图的进程，您一定会有些疑问。

黑5、7、9，黑棋这么听话吗？

白10先立，是啥意思？

别着急，咱们一个个来解决！

图十一

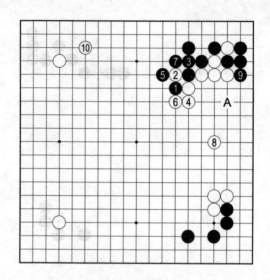

黑1直接扳起来会如何？

小白："有必要拼那么猛吗？"

小黑："三分天注定，七分靠打拼，爱拼才会赢啊！"

黑棋拼得是猛，可惜并不便宜！

白8拆边之后，下一手在9位挡下很大。

因此，黑9必须抢！

白10脱先，全局是白棋好调。

今后，白棋再伺机A位补防。

邹老师，右边不怕黑棋点方吗？

图十二

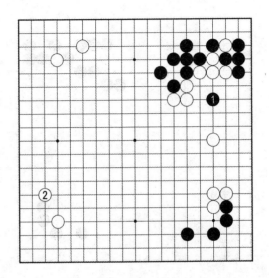

点方就脱先！

记住，邹老师教过的要诀——断舍离！

黑棋右上角的子力全都粘在一块。

风到这里就是粘，粘住过客的思念……

呃……

又收不到多少过路费，粘住过客有啥搞

头！

图十三

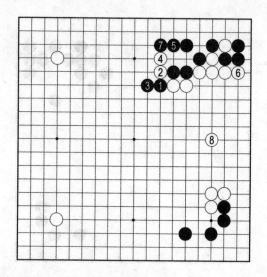

小黑："第一下不能扳，我忍了，这第二下，我不能忍！"

小白："兄弟的判断真是精准，如果拿出这种劲头去炒股，那一定妥妥的倾家荡产！"

白6挡之后，黑棋上边的气太紧，黑7必须补防。

白看轻上边两颗子，右边巩固阵势即可。

至白8，依然是白棋有利的局面。

图十四

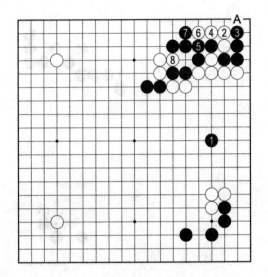

黑1抢占下边。

这世上总会有一些不知江湖险恶的愣头青。

让"愣头青"快速成长的方法就是——揍得他头变青!

白2立下,角上出事了。

黑7必需应,否则,白A位扳,黑棋气不够。

至白8,黑棋气紧,两颗子已经不能要了。

小白:"疼吗?"

小黑:"你走开!"

图十五

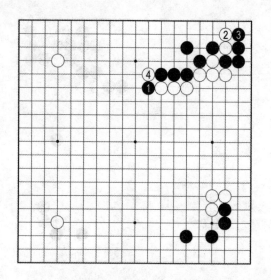

小黑："好吧，第二下我也忍了。但事不过三，这第三下，我要崛起啦!"

小白："你这种锲而不舍的精神，我真的是挺喜欢的!"

白2立，继续灵魂的拷问。

黑3应，则白4断。

好好品品，黑棋气紧，感觉到杀气了吗?

图十六

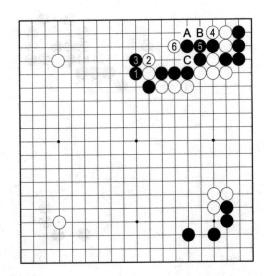

小黑："我才不管什么杀气！先杀再算气！"

小白："唉，所以，那么多年都不长进呢。"

白6靠，局部的要点。

小白："我靠！"

注意看！白棋瞄着A位的扳过！

黑如B位挡，白C位扑，棋筋掉了！

图十七

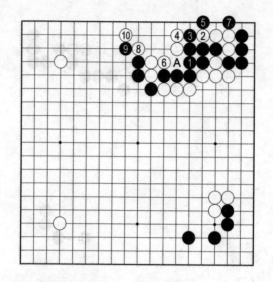

黑1粘，白2、4、6都是命令性的先手。

至白10，黑棋拿不住白棋，黑大亏！

注意看！黑棋A位气紧，白棋棋形是没有问题的！

图十八

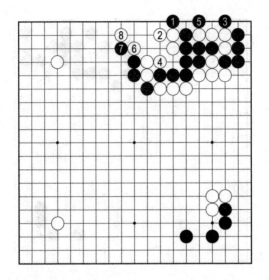

黑1路扳，也不起作用。

白2弯，即可。

黑棋还是得回角上紧气。

至白8，和上图大同小异。

黑棋整体气紧，使不上力。

白棋轻松做活，黑棋即大亏！

图十九

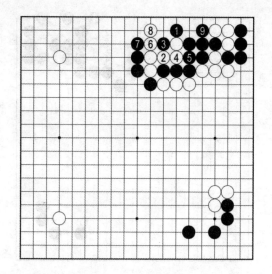

黑1扳下边，白2拐是棋形要点。

实际上，并不复杂。

黑7如走8位，则白走7位，黑棋吃不住白棋。

白8之后，黑9需要自补。

接下来，白棋只要做活即可。

图二十

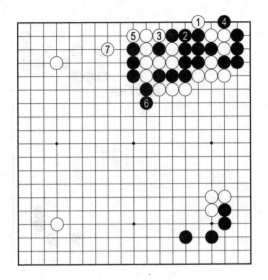

　　白1、3是先手，白5拐，黑棋自身破绽太多，堵不住白棋，只能放活。

　　至白7，黑棋依然是大亏！

　　小白："黑兄，下次还不算气就乱杀不？"

图二十一

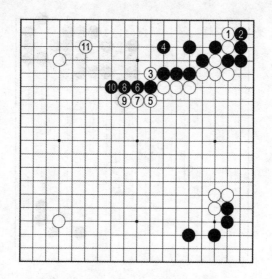

再好好品品白1，直击灵魂的拷问！

小白："借点钱，愿意吗?"

小黑："确实被你击中了灵魂。"

黑4跳，大致是局部的本手。

白5以下中腹连压之后，11守角，简单处理即可满意。

黑棋的行棋方向有问题！

图二十二

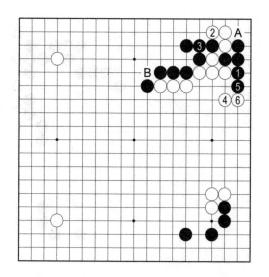

邹老师，我一直没搞懂，黑棋为啥不能向外拐，白棋到底在拷问啥？

黑1拐外面，白就4位跳，白6挡住之后，A与B两点，黑棋无法兼顾，咋办？

明白了吗？

小白不是来借钱的，他是来抢钱的！

图二十三

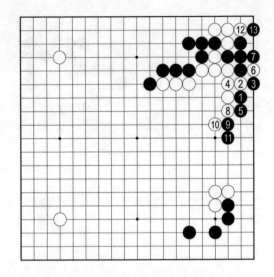

黑1托，才是此时的最强抵抗！

白2挖之后，至黑13是双方必然的进行。

黑棋尽管气很紧，但刚刚好抗住了！

局势变得复杂起来。

小黑："我感觉我又行了！动起来，为新的力量喝彩！"

图二十四

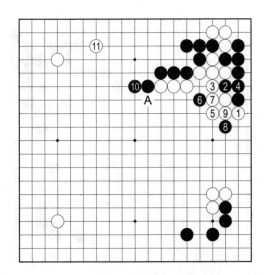

小白："别高兴得太早，刚才是逗你玩的!"

白1扳外面，才是更好的应对!

黑2挖，愉快的先手交换之后，黑10补断点。

注意! 黑6、8的次序，别走颠倒了!

至白11，依然是非常接近的局势。

白11也可以考虑A位扳，继续扩张中腹的阵势。

邹老师，角上是啥情况?

图二十五

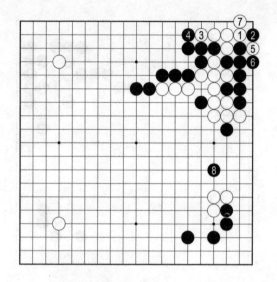

角上黑棋没有吃住！

至白7，里面大致是个双活（或者打劫）。

需要注意的是，白棋太早动手并不便宜！

因此，上图白棋先抢大场，角上伺机而动，才是更好的选择。

图二十六

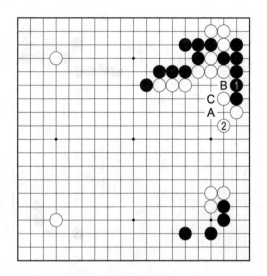

黑1单粘，白棋需要注意！

白棋如还是A位虎，那么，黑棋没有撞气，角上对杀有关系，黑棋明显便宜了。（与图二十四作下比较）

因此，白2虎，才是此时正确的应手！

黑如B位冲，则白C，白棋棋形没有问题。

本图，黑棋的好处是外围空出一气，有利于角上对杀。

但白棋外围的棋形也要优于图二十四！

综合来看，黑棋不如图二十四的进行。

图二十七

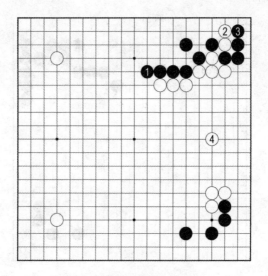

通过以上的变化，同学们搞清楚了吗？

黑棋此时扳起，也可以考虑。

只不过，未必有黑1长好！

邹老师，白2角里交换一下，究竟啥意图？请正面回答！

实际上，这里的区别非常微妙。

以咱们的水平，这种差别根本不影响胜负！

但是，咱们必须要知道！

因为……

好吹牛啊！

要知道，很多知识其实在生活中都没啥实际帮助，绝大多数的功能是——吹牛！

知识越多，你才能在聚会时，成为主角！

接下来，请允许我简单讲几句……

图二十八

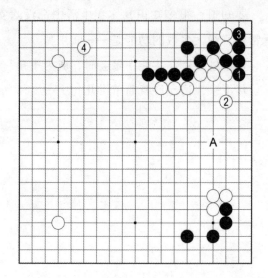

白棋角上长，试应手，诱惑黑棋犯错误。

黑1拐。

你看，悄悄挖个陷阱，对手那么多，总有人掉坑的！

白2跳，黑3还得回防。

白棋此时就可以脱先啦！

黑1与白2的交换，让白棋外围变厚，白棋就不急于抢A位啦。

图二十九

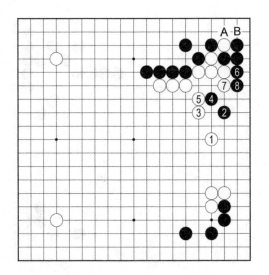

白棋之前不作A位的交换，直接1位连片。

黑棋会立即打入！

黑2打入之后，随时要6位拐过。

注意看，白棋已经没有机会在角上作A、B的交换啦！

邹老师，那区别在哪？

图三十

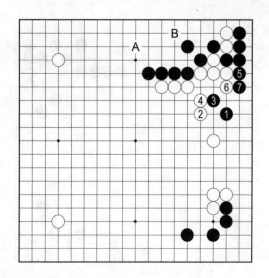

来看看，交换掉的好处。

和上图作比较。

今后，万一白棋 A 位一带有子，B 位是显见的官子便宜。

AI 老师，活玩得太细啦，不服不行！

整明白了吗？

恭喜您！下次聚会，将会有一堆崇拜的小眼神看向您，千万别害羞哦！

图三十一

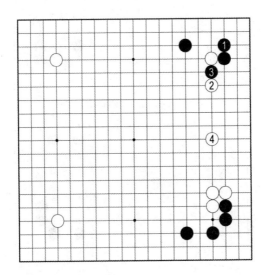

如果嫌之前的变化复杂。

不要紧！黑1退，也可行。

AI那点胜率差距，根本影响不到胜负。

白2跳。既然对手忍了，咱们就继续骚扰一下。

白4拆边，右上角保留变化，今后视情况来选择。

小黑："搞得好神秘。"

小白："知道什么是高手的气质吗？"

图三十二

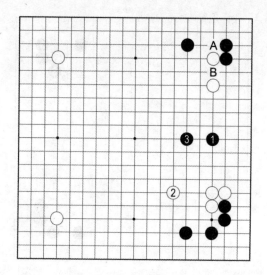

右上角，黑棋也可不理白棋。

先于1位夹攻下边！

小白："明明是对跑，请把'攻'去掉！"

小黑："气势上，我不能输！"

右上角，白A则黑B，黑棋暂时不用担心。

本图的进行，依然是一场好胜负之争。

图三十三

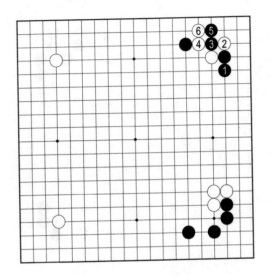

黑1长外面，实战中比较少见。

但对手真来了，咱们得心里有数！

白2扳，紧凑的好棋！

邹老师，您确定是好棋？

我怎么觉得白棋是来搞笑的！

图三十四

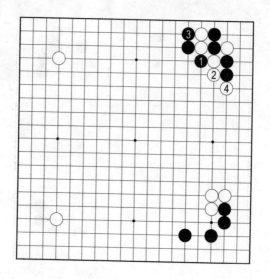

有句名言说过："牺牲是为了更好的征服!"

好像没听说过!邹老师,是哪位名人?

呃……不才,正是在下。

您说实话,是不是具有名言的品质?

黑1、3吃白两子。

白4扳头,封锁黑棋下边。

黑棋需要注意自身气紧的问题!

图三十五

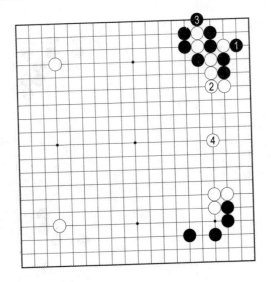

黑1回吃是本手。

白2粘是先手，黑棋角里需要补棋。

至白4，是白棋稍稍有利的定型。

邹老师，黑3为啥补得那么怂？

图三十六

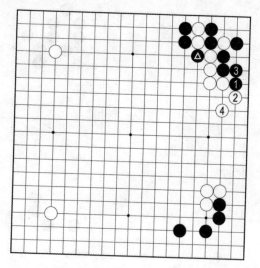

黑1、3补这边也可以，但未必便宜。

外围还把白棋撞厚了。

与上图比较，黑△处还是个"软头"。

邹老师，可我局部争了个先手！

冷静！别上头！

您仔细看看上图，白4拆边之后，轮谁下？

上图与本图，先后手，实际是一样的。

都轮黑下！

图三十七

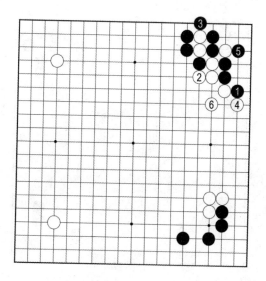

黑1扳这里呢？

白2先打吃，次序很重要！

白4扳住之后，黑棋动弹不得，还是得回去补。

至白6，黑棋还不如前面几个图的定型。

图三十八

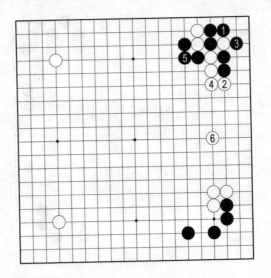

黑1拐吃是一法。

白2扳，依然是此时的要点！

至白6，是白棋稍稍有利的定型。

黑3为啥又怂回去？

图三十九

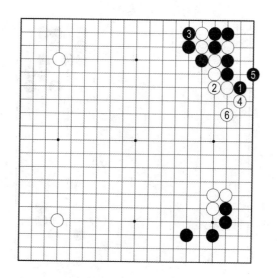

黑1扳！

小黑："我要大胆地向前冲！"

小白："看清楚路再冲啊！"

白2粘是先手，黑3需要补棋。

至白6，黑棋冲到啥了？

小白："冲马桶里了。"

图四十

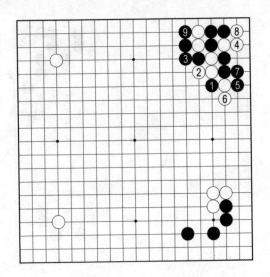

黑1打吃这里！

小黑："不要拦我！我抑制不住我体内的洪荒之力！"

白2打吃之后，白棋征子有利，可于4位立下。

至黑9，是双方必然的进行。

接下来，白棋该如何处理呢？

请好好思考一下！

图四十一

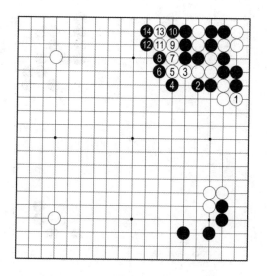

白1拐下。

小白："无需思考，就是那么自信！"

你说的是真的吗？

黑4夹，经典手筋，白棋一命呜呼了。

小黑："兄弟，其实我觉得外卖的工作很适合你。"

小白："为啥？"

小黑："一直都在'送'的路上啊！"

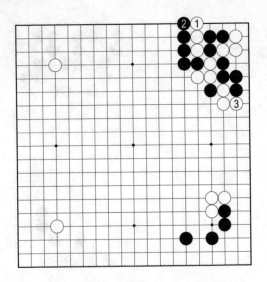

当遇到邹老师之后，小白就脱胎换骨啦！

白1立，先送死，才是此时关键的一手！

小黑："这……还不是送外卖吗？"

送出经验了，效率就高了啊！

白3之后，再仔细看看，还能夹死白棋吗？

小白："我送你离开，千里之外，你是否还在……"

图四十三

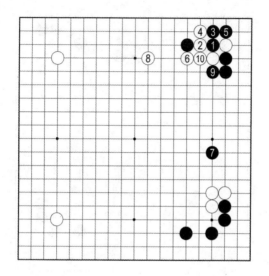

咱回头来看。

当白4冲下的时候，黑5拐吃，也许是更好的选择。

面对诱惑，理智拒绝，那才是真男人！

小黑："呃……那也得看是什么诱惑。"

小白："别瞎想，我是不会嫁给你的！"

至白10，是双方接近的局势。

不过，我个人喜欢白棋多一些。

图四十四

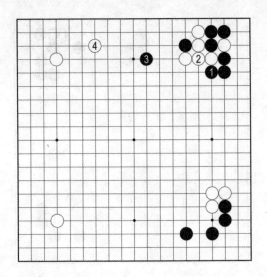

黑1、3抢先攻击上边也是一法。

至白4，依然是混乱的局面。

只不过，我觉得白棋可以处理得更简明一些。

图四十五

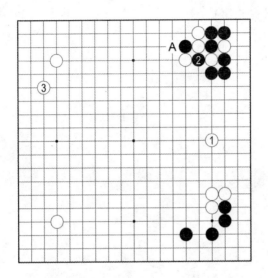

秘诀就是——脱先！

黑2继续吃。

小黑：“这鸡腿真香啊！”

小白：“要不要再配个炒饭？”

小白：“兄弟，咱们花500块吃个自助餐，你就准备鸡腿配炒饭？”

小黑：“不要拦我！我要吃到扶墙而出！”

小白：“瞧你那点出息。”

至白3，右上角黑棋子力有些重复了！今后，A位还要被白棋利用，黑棋不舒服。因此，黑2不要再啃鸡腿啦！先抢外面的龙虾、鲍鱼才是正事！

图四十六

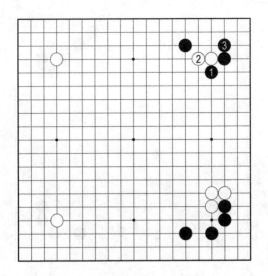

再来看看，黑1外扳的变化。

白2长，恶手！

至黑3，白棋棋形滞重！

注意！在绝大多数场合，白2长，都是亏损的定型！

小黑："今天的小白真好看，有心动的感觉。"

小白："别闹！安慰一下我吧！"

图四十七

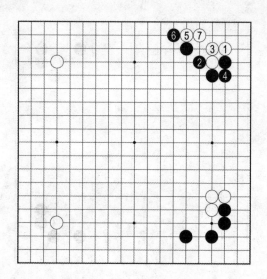

白1扳角里，才是局部的精髓！

黑2、4控制外围。

小白："黑兄，视金钱如粪土，真乃土豪也！"

白5托，是局部的要点！

至白7，白棋掏掉黑角，黑外围还需补断点。

白棋明显得利！

图四十八

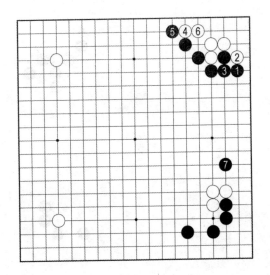

黑1虎二路，白该如何处理？

简单！

白2打吃之后，继续照搬上图的下法。

邹老师，难道有区别吗？

不觉得白2的交换把黑棋撞厚了吗？

至黑7，形势变得接近了。

那白棋还能咋办？

放开你的头脑！

图四十九

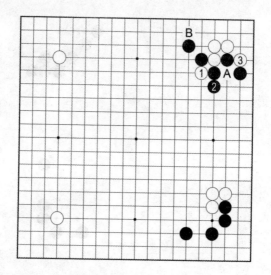

白1断，传说中的——要你命3000！

黑2长，白3再打吃。

看出区别了吗？

黑现在如A位粘，则白B位托。

那么，白1与黑2的交换，像不像？

对！就像是白棋给了黑棋一耳光！

图五十

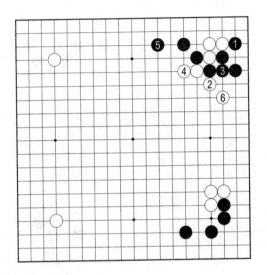

士可杀，不可辱！

黑1虎角里，杀白棋。

白2这一耳光，真是痛快。

至白6，白棋形势有利！

接下来，黑棋如角上补棋，则速度太慢。

可不补，角上又没吃干净。

这就是——陷进去的感觉！

图五十一

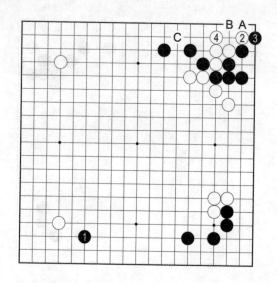

黑棋脱先。

至白4，黑棋面临考验！

接下来，黑如A则白B，打劫了。

黑棋还得防着白C位点的手段！

小黑："哎呀，妈呀，真是让人头疼的考验啊！"

白棋几乎没啥负担，黑棋太困难了。

图五十二

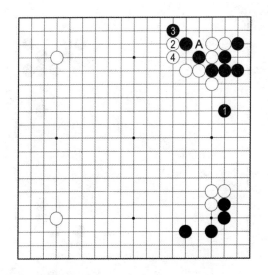

黑棋之前从下边跳出，也不太妙。

白2搭住。

至白4，A位留着吃通，黑棋逃不出被封住的命运！

小白："请接受命运的安排。"

图五十三

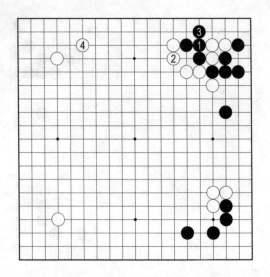

黑1只好团。

既然迟早要回防，早回早好！

黑棋痛苦的地方是，黑3还需要补棋！

小黑："吃个角，怎么就那么麻烦！"

本图白棋大优！

图五十四

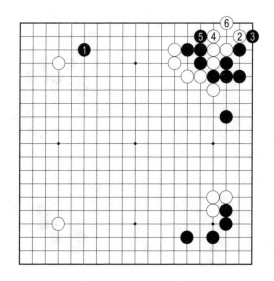

黑棋脱先的话，角上简单就出棋了！

至白6，角上有个劫。

小白："黑兄，请慎重考虑一下。这个角，你到底吃还是不吃呢？"

小黑："好。先封盘。容我考虑个十年八年再答复你。"

小白："信不信我的'夺命剪刀脚'，凌空飞起，夹爆你的头"！

图五十五

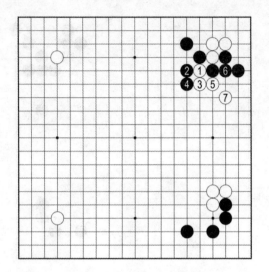

来看看，黑2从这里打吃的抵抗。

小黑："我总会有很多奇思妙想。"

小白："真的吗？我看你是胡思乱想。"

白7小尖，先封锁黑棋。

图五十六

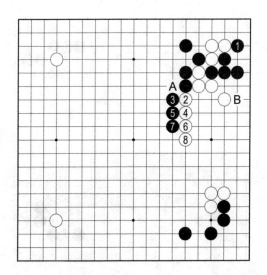

黑1虎角里是必然的一手。

注意！黑B位有托的手段，黑棋有眼位，角上白棋是杀不过黑棋的。

只不过，人生不如意事，十常八九。

以为吃死（si）了对方，实际上吃的是屎（shi）！上面那句，您一定读了好几遍吧？

学好普通话，很重要！

白2扳起之后，至白8，右边形成理想的阵势。

而黑棋A位有断点，角上也留有余味，白棋形势有利。

图五十七

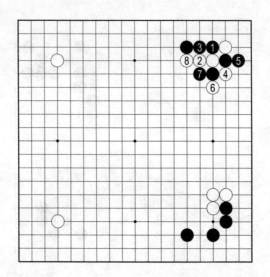

讲完前世今生之后，咱们现在应该明白，为什么职业的高手们，实战中多数会在黑1位打吃了吧。

那是因为——他们家里都养了条狗（AI）！

开个玩笑！

实际上，AI当然是可以辅助训练的。

但世界冠军们之所以厉害，是因为他们有自己独立的思考！

也就是说——要遛狗，但绝不能被狗

遛！

黑1至白8是双方必然的进行。

接下来，会有怎样的变化呢？

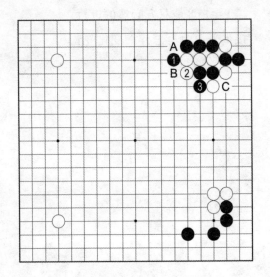

黑1打吃是一种选择。

黑3之后，白棋面临A、B、C——三岔口。

是不是在风中凌乱了？

小黑："来吧，让我们嗨起来"！

小白："哎呦，你又皮子痒了"！

我看你俩不如成立个组合——嗨皮组合！

图五十九

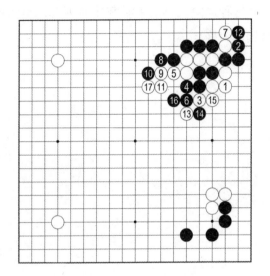

仕着征子有利，白可以在1位粘。

白3以下，双方子力纠缠在一块，战斗非常复杂。

至白17，您晕了吗？

邹老师也晕！

抱着化繁为简的宗旨，我的建议是——屏蔽掉！

何必呢！

本图，白棋仗着征子有利，又有下边的子力做接应，各种利好加持，才勉强和黑棋打了个平手。

这种风险大，又未必赚钱的买卖，咱们还是远离为好！

图六十

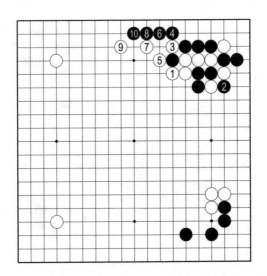

好啦，只剩下两种选择了，是不是感觉一下轻松了很多？

所以，很多时候别钻牛角尖。

要学会——在哪里跌倒，就在哪里躺下！

世界那么美好，何必总和自己过不去呢！

来看看白1拐的变化。

白棋要征吃三颗黑子，黑2吃是必然的一手！

白3打吃的时候，黑4打底下是灵活的思路。

至黑10，双方形势接近。

只不过，白棋有更好的选择！

图六十一

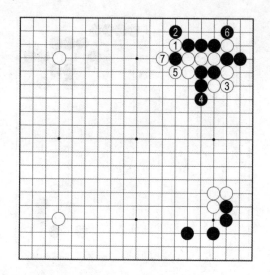

白1先断，才是更好的手段。

区别在哪里呢？

黑2打吃的时候，白3可以先作交换！

与上图比较，黑棋右边没有吃干净白棋。

咦？你是不是发现白5为什么不吃黑棋？

图六十二

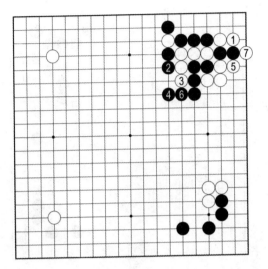

此时，白棋征子有利。

白1挡下吃住黑棋，也是简明的一法。

至白7，是白棋稍有利。

那白棋为啥不吃呢？

首先，白棋吃黑棋角上两子，未必比上图好！

其次，万一有些局面，白棋征子不利呢？

图六十三

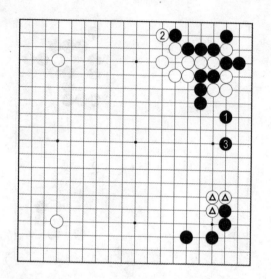

接图六十一。

黑1飞下，白2虎是普通的下法。

至黑3，形成转换。

单看角上的局部，是白棋稍稍有利。

只不过，您有没有发现白棋下边△几颗
子，位置有些尴尬？

所以，咱们要利用下边白棋三颗子的优
势，来想办法！

小白："不要放弃我！"

别甘于平庸，要做最靓的仔！

图六十四

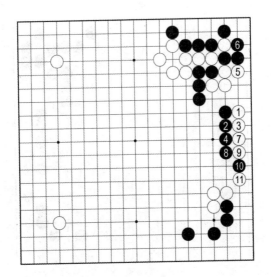

白1二路托，局部的好棋！

黑2长，白棋二路连爬几下，至白11，仗着下边有三颗白子做接应，白棋连回家啦！

小黑："你是当我傻吗？让我一直退，围棋你一个人下啊！"

好！咱们一个个变化看过来！

图六十五

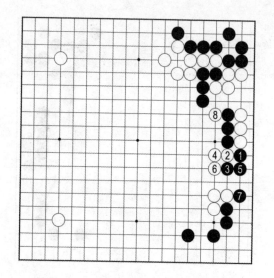

先看最愚蠢的黑1扳！

小黑："你骂谁！"

白2断之后，至白8，黑棋上边的棋形裂
了！

小白："都下成这样了，骂你几句过分
吗？"

图六十六

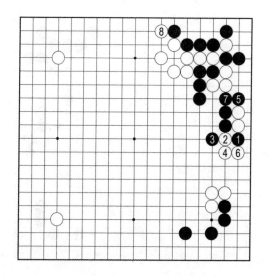

那黑棋就这时候扳下。

这下白棋跑不了吧？

至白8，黑棋确实是吃住了白棋。

没发现被骗了吗？

对比一下图六十三，应该不需要我作说明

了吧！

图六十七

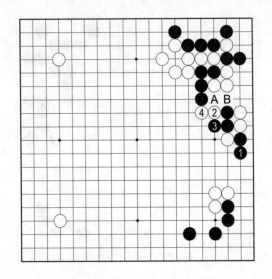

黑1长。

小黑："我有一颗打败你的心，永远不会放弃！"

小白："善意地劝你一句。你还年轻，有的是时间放弃。"

白4之后，黑A则白B，黑棋崩溃了。

图六十八

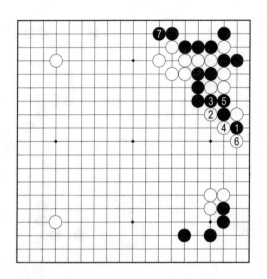

黑1此时扳，也许是最好的结果。

白2夹，局部的好棋，要牢记！

咦？白棋怎么落了一个后手，被黑7长出去了。

白棋落了一个重要的次序！

图六十九

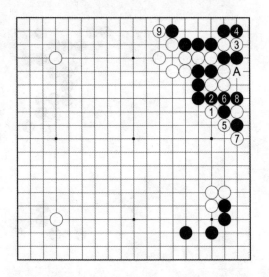

　　白3先交换一下是非常重要的次序！

　　白7之后，多了A位打吃的先手，黑8就必需补棋了！

　　至白9，是白棋不错的局面。

　　咱们还是和图六十三作下对比，就很清楚白棋便宜在哪了！

图七十

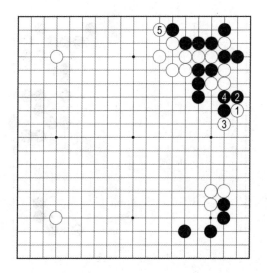

黑2扳里面，白3扳是局部的好棋。

黑4只好如此。

至白5，和上图相差不离，依然是白棋不错的定型。

图七十一

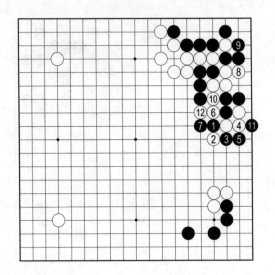

　　既然都讲到这里了，那就多啰嗦几句。

　　邹老师，习惯性地收不住自己的才华！

　　接上图，今后黑1位扳的时候，白2连扳才是更好的应对！

　　黑3反击是白棋所期待的！

　　至白12，比赛结束，打完收工。

图七十二

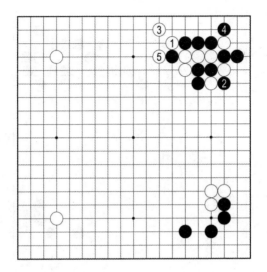

咱们倒带，回头来看看。

白1断时，黑2打吃，会如何呢？

记住白3的小尖！

精彩的手段，都是带有治愈系的！

是不是心情很爽？

小黑："可是，我咋感觉被致郁了……"

至白5，白棋相当满意！

图七十三

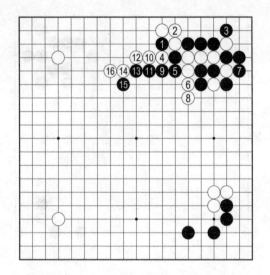

黑1打吃先作交换，不想被白棋征吃。

可是跑出来的结果也没啥好！

至白16，中央谁也攻不到谁。

那不是两分吗？

拜托！你看不到白棋上边围多大吗！

小黑："扶我起来，我还能再战！"

图七十四

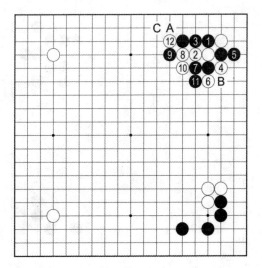

眼花缭乱的变化，告一段落。

咱们来总结一下，捋一捋思路！

当黑9打吃之后，白12先断是局部的最佳！

接下来，黑A则白B。（回看图六十一）

黑如B位吃，则白C位二路小尖！

因此，黑9打吃的下法，在此局面下，要吃亏一些！

图七十五

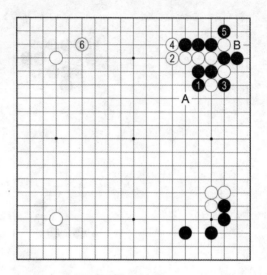

来看看，黑1拐的下法。

白2长，是简明的应对！

黑3、5补棋是本手。

至白6，依然是白棋不错的局面。

今后，白棋可考虑A位罩，扩张形势。

注意！黑角上，白棋今后B位跑，还会留有些借用。

邹老师，黑3为啥要补？

图七十六

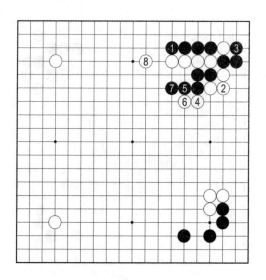

黑1爬。

小黑："我绝不屈服！为自由而战！"

小白："你是刚看完电影《勇敢的心》吧？"

纵然英雄如威廉·华莱士，最终也没逃过英勇就义的命运！

至白8，黑棋太难了。

图七十七

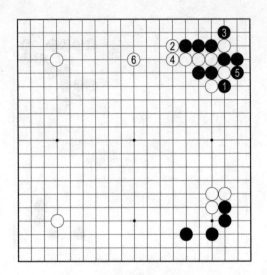

黑1打吃，也许是此局面下最好的应对。

白2扳，是局部要点。

以下，双方各自安好。

至白6，形势较为接近。

我个人认为，白棋稍好一些。

邹老师，黑3补棋，我能理解，黑5为啥要补？

图七十八

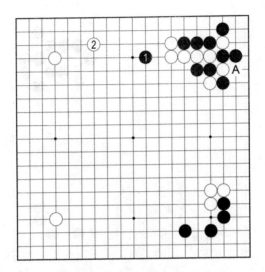

黑1抢先进攻白棋，也是可以的。

只不过，谁攻谁就值得探讨啦！

至白2，依然是难解的局势。

角上黑A位补棋，始终有一手棋的价值！

这就好像是——暑假作业！

您今天、明天都可以不写作业，但作业总得在暑假之前完成。

所以，早写早轻松！

小黑：“谁说的！我就喜欢先爽了，再赶作业！”

小白：“嗯！不愧是有学渣的潜质啊！”

图七十九

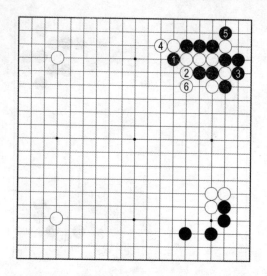

黑1反击，毫无意义！

白4长是先手。

至白6，黑棋反倒亏损！

小白："早说过你骨骼清奇，一看就是学渣的料！"

图八十

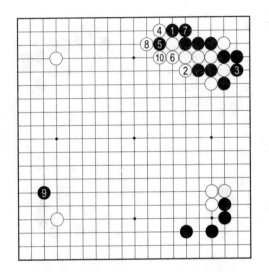

黑1扳，白2拐吃是此时重要的次序！

黑3提，白4位连扳。

至白10，是白棋不错的局势。

右上角的定型，白棋需要注意什么呢？

征子！一定要看征子！

图八十一

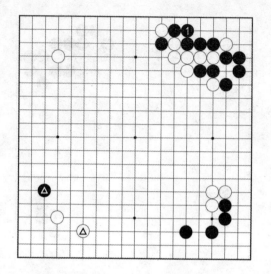

　　假设很早以前，黑棋作过 ⬤ 与 ◯ 的交换，白棋征子不利。

　　黑1之后，场面就有些尴尬啦！

　　小白："还可以这样？你赖皮啊！"

图八十二

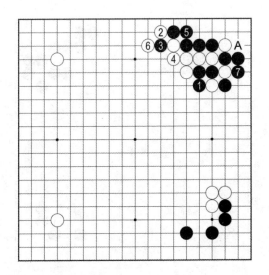

黑1拐出，未必便宜。

白2依然是连扳——一招鲜，吃遍天下！

小白："又见到我，你感动吗？"

小黑："确实不敢动。"

白6之后，黑7需要补棋。否则，白A位挡，角上黑棋被杀。

至黑7，咱们和图八十对比一下，就很清楚，黑棋亏了。

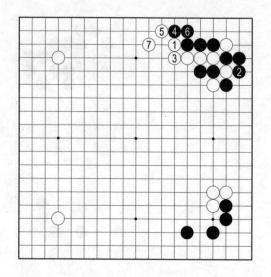

黑2冷静回提，带有欺骗性！

白3粘，有中计之嫌。

小黑："恭喜我发财，恭喜我精彩。"

黑4、6扳接，是高效的补棋手段。

至白7，黑棋局部抢到了先手。

本图，白棋稍有不满。

图八十四

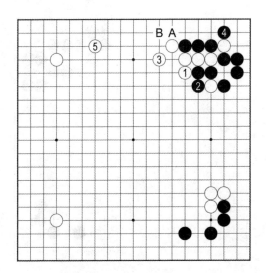

白1拐，才是此局面更好的选择，别被黑棋骗了。

黑2如A扳，则白B，又回到了图八十。

小白："你那么喜欢绕圈圈，我就陪你绕。"

"圈圈圆圆圈圈，天天年年天天……"

黑2拐出，换一招也没啥便宜。

至白5，依然是白棋不错。

图八十五

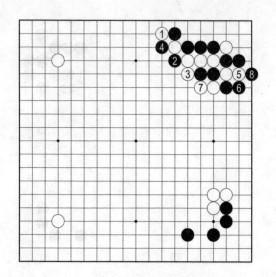

　　在有些场合，白1直接连扳，也是可以考虑的手段！

　　只不过，现在有些不合时宜。

　　白3打不到了！黑4拔花。

　　白5跑的时候，黑6打吃是局部的要点，要牢记！

　　白7提，黑8从一路兜过。

图八十六

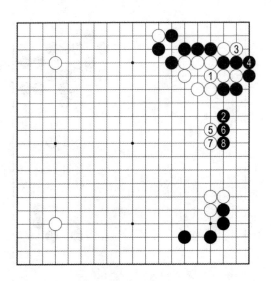

接下来，战斗依然复杂。

至黑8，白棋也未必差。

只不过，有更简明、更有利的（图八十），为啥要搞那么复杂？

难道，纯粹是为了挑战自己吗？

邹老师，上图的白7，不能在8位立下吗？

图八十七

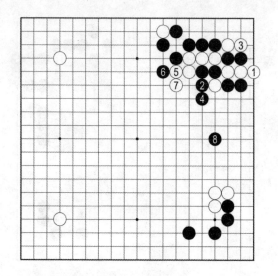

吃角其实没有想象中那么大！

至黑8，外围被黑棋控制住，白棋反倒大亏！

注意！白右上角整块还没活干净！

小黑："我知道，你现在很不好。是不是，也感觉有些老？"

小白："我怎么感觉咱俩是——塑料兄弟呢！"

图八十八

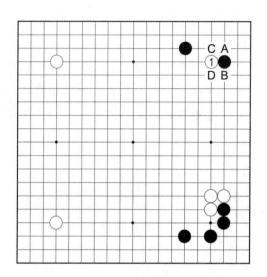

关于白1碰，黑棋A、B、C、D四种应法，我都一一作了讲解。

总结以下几点！

黑A或B，稍有些委屈，但也不是不能下。（回看图三十一和图三十三）

黑D位扳，在此局面下，稍稍亏一些。（图七十七或图七十八，大致是双方可接受的定型）

注意！白1碰，和征子有关系！

如黑棋征子有利，D位外扳，则是最强应

手！（看图八十，即可明白征子的关系）

本局面下，黑C位扳，或许是最好的选择。（回看图七）

现在，搞清楚因果关系了吧！

请大声唱——此刻我怎么可以输给你，所以我每一个都选C，都选C！

图八十九

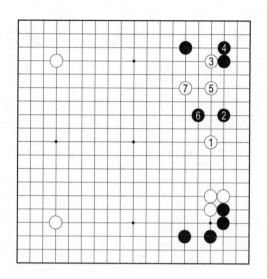

你以为完了吗？

要学，咱们就学透了！黑2拦逼的时候，白3此时再碰，会有什么不同呢？

黑4退角里，局面倒是简化了。

至白7，总感觉黑棋有些不满。

您要是这么佛系，邹老师这一身的才华怎么释放啊！

小黑："我就是不想让老师您显摆！"

小白："这次我支持你！"

小黑："咦？咱俩啥时候成朋友啦？"

小白："当有了共同的敌人，我们就是朋友了。"

呃……也不知道，啥时候得罪的你俩。

图九十

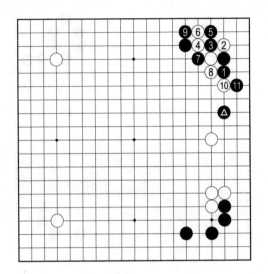

黑1往外长，白2扳，有问题！

邹老师，您之前不是说要扳的吗？

此一时，彼一时，这锅我不背！

没看见现在黑有▲子吗！

至黑11，黑棋都连上了，白棋在忙活啥？

好像没有连上啊？

图九十一

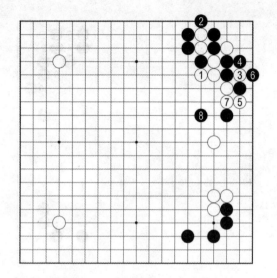

您说得是这样打下来吧。

至黑8，白棋打下来的意义在哪了？

下棋和咱们工作是一样的，得有目的性！

白棋费半天劲，难道只是为了跑出一块孤棋吗？

这就像咱辛辛苦苦搬了一天的砖，却要潇洒地说："钱多钱少无所谓，我只是来体验生活的！"

好吧，土豪的生活我理解不了。

图九十二

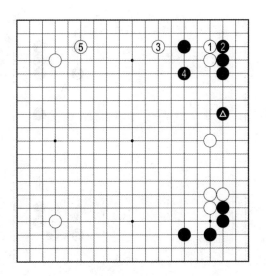

因此，当有⚫黑子的时候，白棋1位立，才是正确的应手。

至白5，右上角的交换，白棋已有便宜的感觉。

我认为是白棋稍稍有利的局面。

邹老师，角上两颗白子死了，居然便宜了？我理解不了啊！

换个角度，您可能就理解了。

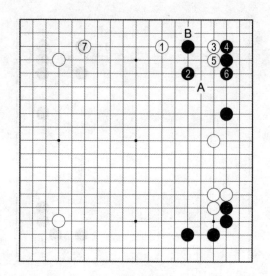

我们颠倒一下行棋的次序，换个角度看问题！

白1拦逼，黑2防守是不是有些缓？

角上本来就是黑棋的空，白3、5与黑4、6的交换，黑棋是不是有被利的感觉？

至白7，依然还原到上图。

今后，根据情况，白棋在A、B两处，还可伺机寻求一些便宜。

现在，您能理解了吗？

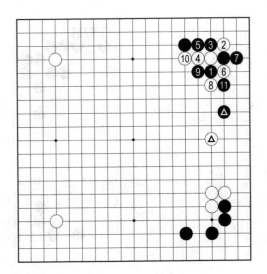

再来看看，黑1外扳的变化。

小黑："我现在子力多，看我怎么收拾你！"

至黑11，和之前相同的招式。

小黑："好像哪里不对劲？"

小白："反应有些迟钝啊！"

黑●白△的交换，明显被白棋便宜了。

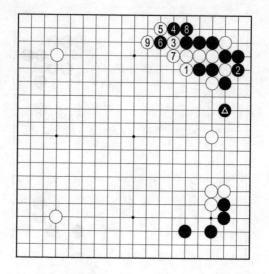

接下来，至白9，是之前讲过的定型手法。

此时，黑△的位置就显得尴尬了。

打仗并不是人多就赢的！

当你身边环绕的全是猪队友时，你恨不得他们全都投敌！

图九十六

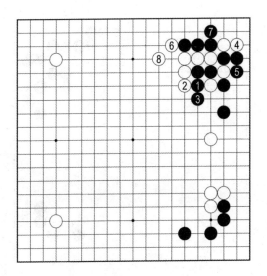

黑1拐出，大同小异。

至白8，黑棋棋形依然很重复！

历史上有很多名将，挡不住猪队友的坑害。

比如袁崇焕神勇无敌，万夫莫当！

袁崇焕："无敌是多么多么寂寞，无敌是多么……"

崇祯皇帝："斩！"

袁崇焕："就不能让我把歌唱完吗！"

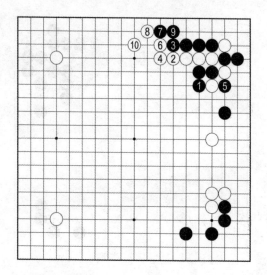

黑1拐上边。

白2简单长即可。

黑5打吃，黑棋终归是要回防的。

白6拐下，至白10，黑棋依然显得重复，效率偏低。

难道，黑棋真的没救了吗？

图九十八

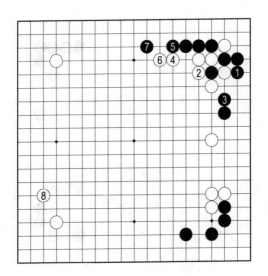

黑1拐打底下，才是此时的正解！

袁崇焕都救不了的局势，只能派出奥特曼了！

迪迦："新的风暴已经出现……要相信光！"

黑棋从底下打过，守住实地，是此时最好的应对。

至白8，形势非常接近，白棋仅是稍稍有利。

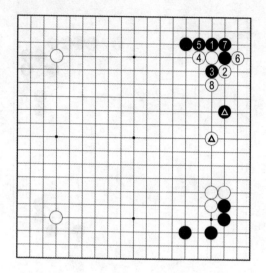

黑1扳角上，是此时的正解。

请容我多提醒一句，黑3打吃是不行的！

白6、8连续打吃即可。

注意！如果没有⚪与⚫的交换，白6、8的手段依然成立！

图一百

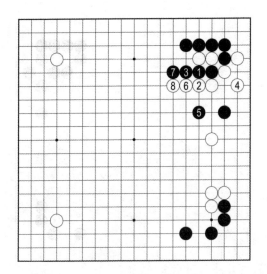

黑1跑出，白棋弃掉两子即可。

小白："黑兄，隔夜的鸡骨头，啃得香吗？"

至白8，黑棋明显苦战。

邹老师，黑3为啥不提？被白6多压了一下，难道不亏吗？

好想法！

图一百零一

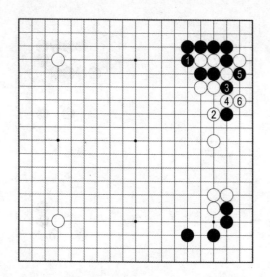

只不过，此时白棋会换一招！

白2压，封住黑棋即可。

黑3、5大致只好转换。

至白6，是白棋有利的局面。

下围棋和吃饭一样，不是吃得多就有营养的！

得看吃的是啥！

小黑："再给我来20个窝窝头，我还没吃够！"

小白："都什么年代了，能吃点好的吗?"

图一百零二

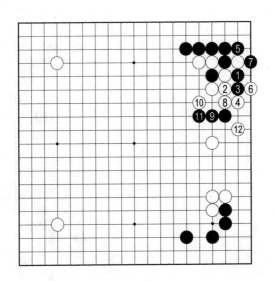

黑1从底下吃。

小黑:"这次我不吃窝窝头了。"

小白:"也就换了个炸薯条,还不一定有窝窝头好。"

白2粘,关键的一手,不让黑棋联络!

至白12,黑棋一个人奔跑,不寂寞吗?

好啦,现在明白了吗?

明白是明白了,就是好像您不止说了一句!

别气我!您这是抬杠!

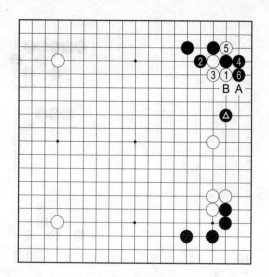

因此，当白1扳时，黑2、4才是正解！

接下来，白棋该如何应对呢？

我知道！

邹老师之前强调过，白5断，灵魂的拷问！

呃……您没发现现在黑△有子吗！

这不是灵魂的拷问，这是灵魂被烤焦！

黑6拐，白棋不能扳了。

白A，则黑B，白崩了！

图一百零四

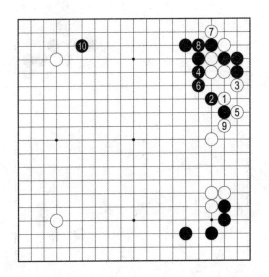

接上图。

已经进行到这里了，白棋只能减少损失。

白1碰，好手段！

黑2上扳是关键的一手！

白棋气很紧，无法动强。

至黑10，大致进行如此，局部白棋稍亏一
点点。

图一百零五

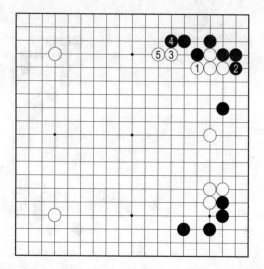

白1先拐上边，是此时更好的应对！

黑2如下边连回，白3飞，压制黑棋上边。

至白5，我认为白棋还不错。

邹老师，黑棋不是空很多吗？

您也可以这么理解！差距本来就不大！

因此，遵从自己的内心，走自己的路吧！

"曾梦想仗剑走天涯，看一看世界的繁华

……"

图一百零六

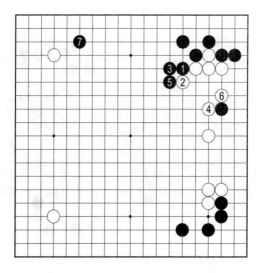

黑1虎起来，也是一法！

白4靠压，是紧凑的好棋。

黑棋右边不好动弹。

黑5拐，简明转身。

至黑7，是双方都可接受的定型。

邹老师，白4靠压，黑棋就不能动了吗？

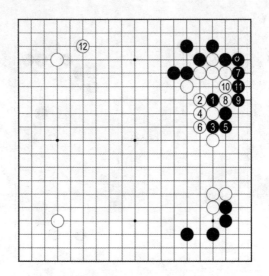

能动！但未必便宜！

白2虎，是棋形要点！

黑5如走6位，则白5断，黑不行。

黑棋冲不出去，只能底下渡过。

至黑11，连是连回去了，但落了后手，反倒吃亏。

本图，黑棋不如上图的选择！

好啦，关于"碰大飞守角"的变化，基本讲完了。

图一百零八

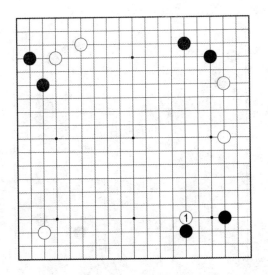

只不过，还有另一碰！

小黑："这么喜欢碰，不如去开碰碰车好啦。下围棋，耽误了你的天赋"！

小白："没有你在身边，碰起来，总感觉少了点乐趣!"

接下来，咱们讲讲白1的碰！

图一百零九

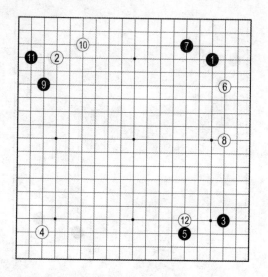

先来看看局面是咋下出来的。

这可不是邹老师编出来的进程！

第22届三星杯半决赛第三局，童梦成执黑对辜梓豪。

感兴趣的同学，可以去查阅一下棋谱。

白12碰这里，辜梓豪究竟是啥意图呢？

图一百一十

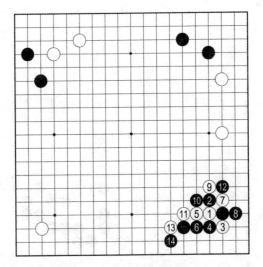

你以为辜梓豪不想碰星位吗？

关键是不能碰！

还记得我之前提到过的征子关系吗？

至黑14，白棋征子不利，就有些难办了！

所以，白1碰，一定要看清楚征子！

重要的事要强调三遍！征子！征子！征
子！

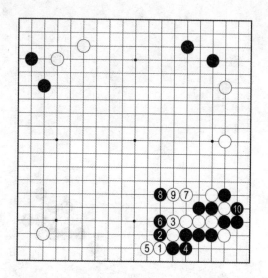

白1扳，诱惑黑棋3位双打吃。

顶住诱惑！

黑2打吃，才是更好的选择！

征子不利，白只好5位长出。

至黑10，是黑棋有利的战斗！

千万别忘了黑10提！黑棋角上是要补棋

的！

图一百一十二

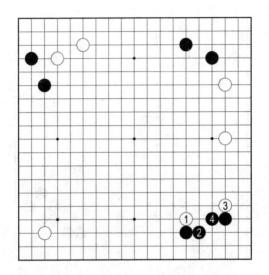

不能碰星位，所以，辜梓豪选择了白1的碰！

为啥总要碰呢？

因为，信仰！

我们不一样，每个人都有不同的信仰！

黑2退，是最简明的应对。

只不过，白3会继续碰！

小黑："真是越碰越来劲啊！"

至黑4，白棋当先手便宜，可脱先抢大场。

黑棋的棋形，是不是感觉有些拥挤？

邹老师，黑4不能反击吗？

图一百一十三

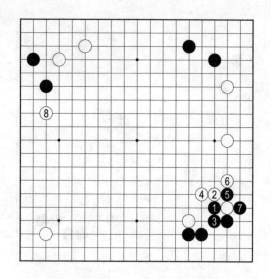

黑1扳上边，白2扳是局部的要点！

黑3如粘上，白4长，瞄着下手7位立。

黑5、7打拔一子，局部落了后手，未必便宜。

至白8，白棋行棋快速，调子不错。

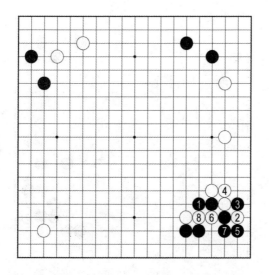

多数情况下，黑1长，都不是什么好棋！

白2扳，是局部的要点，黑棋难受。

黑3吃不得！至白8，黑棋要坏！

黑3只能7位退，白4位粘，黑棋也要吃亏一些。

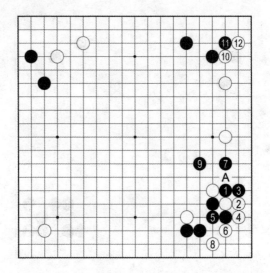

黑1打吃，3位挡下，难道要全吃白棋吗？

小黑："我骨子里流淌的是反击的血液！"

小白："地和势都要，不合适吧？"

白6之后，外围白A位有扳，黑只好放活白角。

至白12，白棋实地获利，形势不错。

图一百一十六

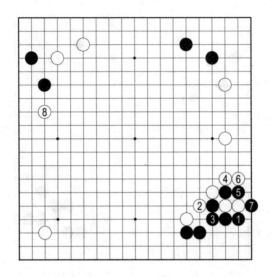

黑1挡角里，才是此时的正手。

该冷静的时候得冷静，不要浪！

白2、4、6弃子争先，思路清晰。

至白8，是非常接近的局势。

就右下角的局部而言，我个人认为，黑棋速度有些慢，我不喜欢黑棋。

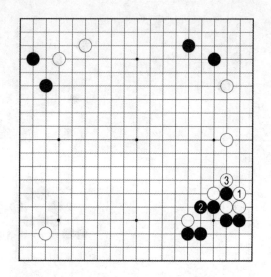

白1拐吃，也是一法。

只不过，局部落了后手，白棋未必有上图好。

真没想到！

没想到啥？

有吃不吃，偏要弃子，这是何等的境界！

学到了吧！

所以，花点钱，开阔一下眼界，还是很有必要的。

再穷不能穷教育！赶紧花钱买邹老师的书！

图一百一十八

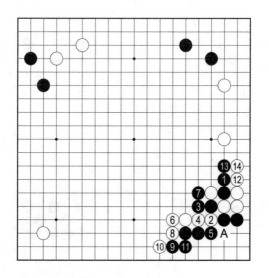

黑1长，正是白棋所期待的。

小白："对不起，实在没忍住，笑喷了！"

白2打出，白6长，要征吃，黑7只得补棋。

白8拐下之后，角里A位有断！

黑9、11，只能二路扳接，补棋。

至白14爬过，黑棋大亏！

图一百一十九

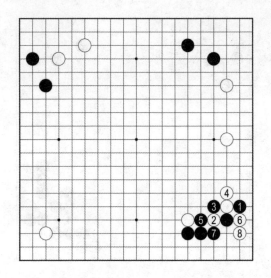

来看看黑1扳下边。

白2是经典手筋，要牢记！

黑3、5吃上边，白棋就吃下边。

同样是吃，区别就大了！

小白："好肥的鸡腿，真香！"

小黑："好香的鸡骨头。咦？为啥你的是鸡腿！"

记住！无论怎么闹情绪，别和钱（实地）过不去！

图一百二十

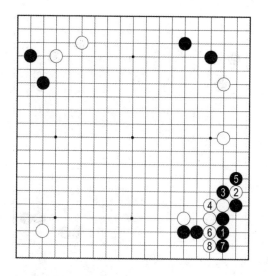

黑1退防，守地。

小白："你以为妥协了，我就不打你？"

白2继续扳，局部的要点，要牢记！

黑棋实在无路可退，只能3位叫吃。

至白8，白棋打穿黑棋，可以满意。

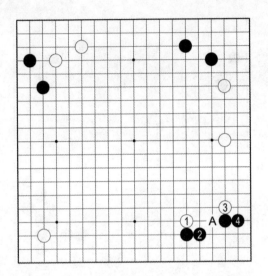

黑2退之后，棋形实际上还原到"无忧角"。

现在知道为啥"无忧角"最近有些失宠了吧？

白3的继续碰，让人有点烦。

黑4立，也是一法。只不过，似乎不如A位退。

总之，无论怎样应，黑棋都有些小委屈。

当然，差距是很小的，胜负根本不在这里！

小黑："守'无忧角'输棋，这锅我可不背！"

图一百二十二

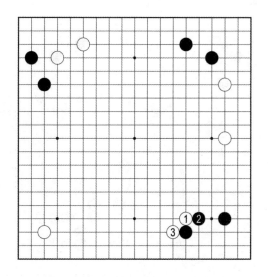

白1碰的时候，黑2扳。

发现了吗？

是不是还原到了"小目单关守角"的棋形？

围棋就是这么奇妙！

次序颠倒，却殊途同归！

图一百二十三

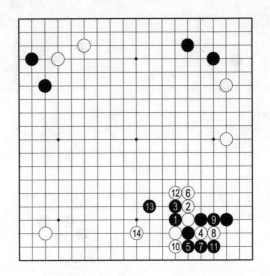

"小目单关守角"，咱们今后会单独详细讲解。

本册就不展开讲了。

摆一个局部常见的进行，大家先浅显地了解一下。

白8是好次序！

我知道您此时脑子里一定有好多问号。

放心！等邹老师的下个系列，一定给您一个句号。

在此，我们留个悬念，先讲其它的变化。

图一百二十四

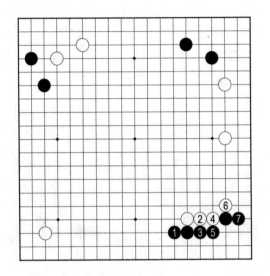

黑1还有往外长的应法。

白2至黑7，是双方正常的定型。

你的梦想是什么？

小黑："想要美好生活！"

小白："希望世界和平！"

您看，当思想高度统一的时候，大家都轻松了！

图一百二十五

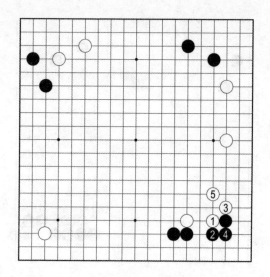

要说服一个人的思想是很难的!

白1碰,你咋办呢?

小白:"我眼里的世界和平,应该是这样的!"

黑2老实应对,倒也亏得不多,但白棋本图的结果确实优于上图。

小黑:"这不是我想要的生活!"

您看,思想不统一,小黑和小白又要打起来了。

图一百二十六

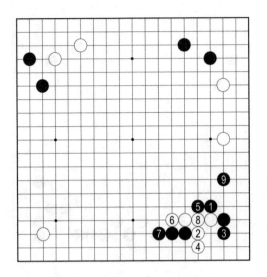

黑1扳，才是此时的最强手！

至黑9，有没有觉得白棋棋形很滞重？

小黑："你这一坨坨的，像那个啥！"

小白："我看你棋形也好不到哪里去！"

小黑："比你强就行！"

图一百二十七

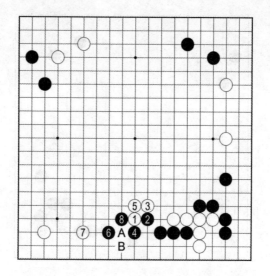

黑三颗子，虽然气紧，但白棋是拿不住的！

白1罩，黑2、4"俗而有力"的好棋！

小白："这也算成语？"

白5如A位扳，则黑B扳，白依然拿不住黑棋。

白5粘，无奈。至黑8，黑棋好调。

小黑："其实，你也不是一无所有。不是还赚得了一块孤棋嘛。"

小白："这是赚吗？信不信我'夺命剪刀脚'再次飞起！"

图一百二十八

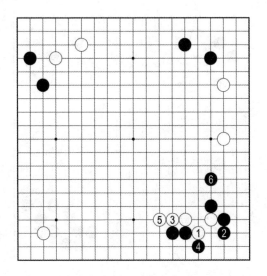

白3压，要比之前立下好。

黑4简明扳过即可。备注；黑4也可于5位扳。

至黑6，我认为是黑棋稍稍有利。

黑6也可脱先抢大场。

但需要注意！角上白棋是留有手段的！

图一百二十九

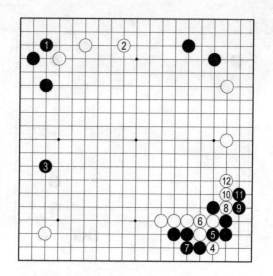

白4扳，是今后留着的手段。

黑7粘，救外面两颗黑子。

白8断，黑棋棋形露出破绽。

黑只能底下打！

至白12，白棋局部还是有些收获的。

图一百三十

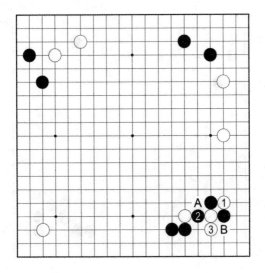

白1断，是比较迷惑的一手！

黑2打吃中计！

白3之后，黑A、B两点，难以兼顾。

小白："真是一迷，你就祸啊！"

图一百三十一

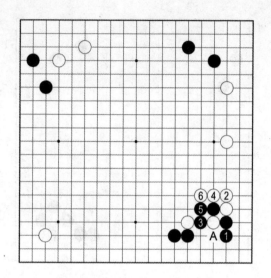

黑1长，倒是比较简明。

进行至白6，大致差不多。

我个人认为，白棋还不错。

黑5如A位提，白棋就脱先抢大场。

邹老师，黑棋不能发力吗？怎么感觉很憋屈！

我要使出洪荒之力！

图一百三十二

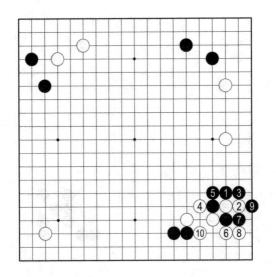

黑1、3打了，挡下去。

至白10，结果如何呢？

小黑：“吃两子好香，我感觉很幸福。”

小白：“也许是脑子缺氧，很多事想不起来，所以幸福。”

难道忘了当初是谁的角吗！

黑角变白角，家都被夺了，居然还有幸福感？

图一百三十三

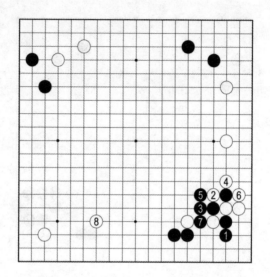

黑棋真正的问题出在上图的3位挡！

黑棋此时有两种选择。

黑1退角里是一法。

至白8，是双方都可接受的定型。

对比一下图一百三十一，我认为，本图的黑棋要略优一些。

图一百三十四

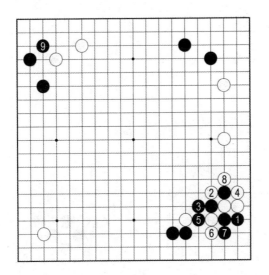

如果您不想像上图那样落后手。

黑1挡这边，也是不错的选择！

至黑9，黑棋如愿抢到了先手。

本图的黑棋，是我个人更喜欢的选择。

图一百三十五

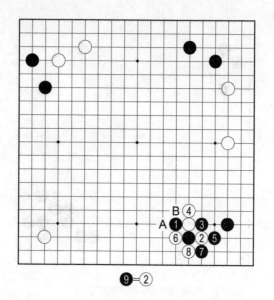

最后，来看看黑1扳的下法。

黑1扳时，一般情况下，白会在2位扳。

可现在有个问题！

至黑9，白A，则黑B。白棋征子不利！

辜梓豪，堂堂的世界冠军，岂会这么好对付？

备注：如白棋征子有利，则黑9不会粘。双方会围绕打劫做文章，是非常混乱的战斗。

图一百三十六

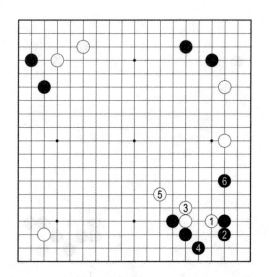

于是乎——身体在死撑，灵魂在呐喊！

白1碰，看我的小宇宙！

小黑："难缠啊！"

小白："头大了吧？大头儿子，小头……"

小黑："你占我便宜！"

至黑6，是童梦成与辜梓豪的实战进程，双方在此和平解决。

只不过，一向严苛的AI老师，还是提出了小小的建议。

AI："黑同学，你的梦想是什么？"

图一百三十七

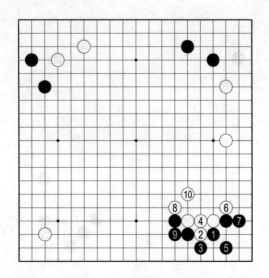

黑1扳底下，是白棋所期待的！

AI："黑同学，梦想可以再大点吗？"

小黑："老师，我就想每天早上能吃上一碗馄饨面。"

AI……

至白10，黑棋被压制在底下，棋形上看，黑棋有些委屈。只不过……

AI老师认为，即使如此，全局形势依然接近，黑棋也未必差！

意外吧！反正我很意外！

图一百三十八

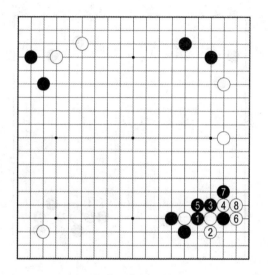

黑1打吃，是取势的下法。

白4断，瞄着双打吃，黑5只好补棋。

至白8，双方各取所需，全局形势不相伯仲。

只不过，如单看角部，我还是更喜欢白棋多一些！

总结如下：

上图和本图，AI老师从全局配置结合来看，认为双方形势接近。

而单看角上局部，邹老师认为，上图和本图都是白棋稍有利的定型。

图一百三十九

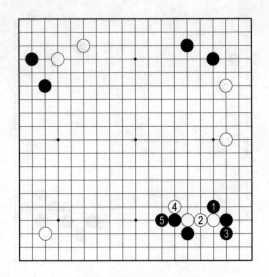

黑1扳，才是AI老师给出的首选。

小黑："是时候展示真正的实力啦!"

小白："你这是开狗作弊!"

AI："骂谁是狗？之前，不是一直尊称老师吗!"

至黑5，是双方最佳的应对。

我认为，是黑棋稍稍有利的战斗。

图一百四十

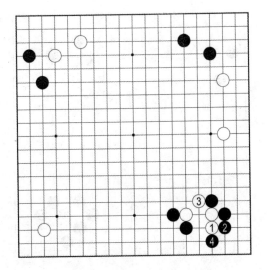

来看看白棋其它的选择。

白1下立，棋形有问题！

黑2挡之后，白棋气太紧，无法呼吸！

黑4扳过之后，白棋得到了啥？

小黑："如果都是你这样的对手，世界得多美好！"

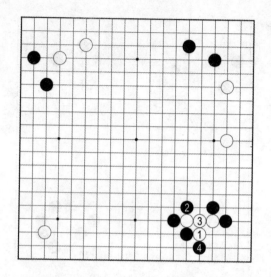

黑棋真正担心的是——白1虎下去！

黑2、4是早就准备好的手段！

小黑："好险，幸好有AI老师指点。"

邹老师，这是啥啊？黑棋到处是冲断，能行吗？

小黑："放马过来吧！冲断少年！"

我还是那个冲断少年，没有一丝丝的改变……

图一百四十二

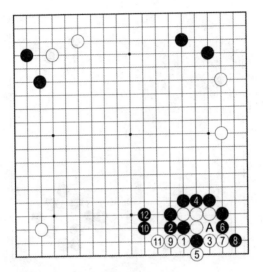

白1打吃，先往底下冲！

至黑12，白棋活得很苦，黑棋明显优势！

注意！黑12之后，A位还有打吃的手段，白棋下边还没有活干净！（当然，白棋不要上边四颗子，是可以活的）

图一百四十三

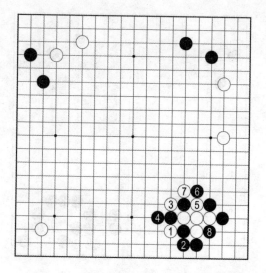

往下面冲，没前途。

那就试试往上面冲！

冲断少年，果然名不虚传！

白5之后，黑棋该如何应对呢？

黑6、8似乎是第一感！

小黑："滚包这么畅快的事，不容错过啊！"

畅快完了呢？

这就像是信用卡，花钱一时爽，不用还的吗！

图一百四十四

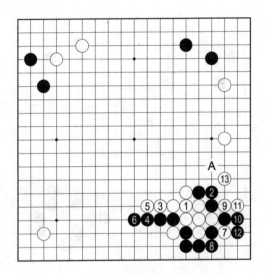

白1粘上之后，黑棋到处是断点！

小黑："没几处断点，怎么配叫——冲断少年。"

黑2粘，是此时唯一的抵抗！

至白13，接下来，黑棋会于A位跳出，形成混战。

只不过，黑棋之前有更好的选择！

图一百四十五

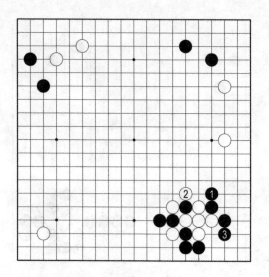

黑1冷静长，此时的好棋！

至黑3，黑棋角地完好，可以满意。

正可谓：退一步，海阔天空。

邹老师，白2好像可以下去吧？

就那么想下地狱吗？

图一百四十六

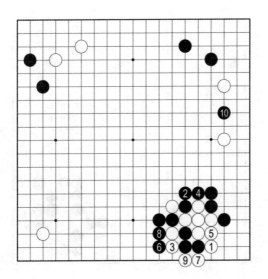

白1虎。

小白："我不入地狱，谁入地狱！"

小黑："你终于明白了什么叫作——舍身取义！"

"Only you，能伴我取西经……"

对不起，一听到舍身取义，就控制不住要歌唱。

黑2长，先手将白棋包围在里面。

至黑10，黑棋利用厚势，欺负白棋上边，黑棋大优！

图一百四十七

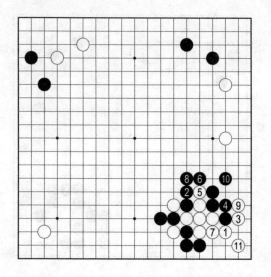

白1虎角里，大同小异。

至白11，白棋后手活角。

被黑棋完封在里面，白棋角活得目数也很小，黑棋依然是大优！

图一百四十八

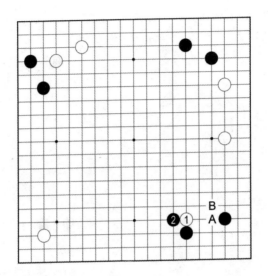

好啦，可以总结啦。

白1碰，并不可怕！

黑2扳，才是最强应对。

接下来，白A位碰，黑B位扳，更好！

大致会形成图一百三十九，黑棋稍稍有

利！

关于"小目大飞守角"，本册主要讲了两

个碰！（白1碰和A位的星位碰）

掌握了本册的奥义，同学们实战中就可以

尽情地、放肆地——碰上去！

图一百四十九

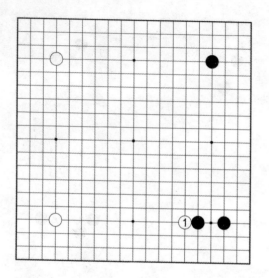

下册，咱们聊聊"小目单关守角"。

白1，还是有一碰！

邹老师，现代的围棋为啥老喜欢"碰"？

您承不承认，人类只有在温饱解决之后，才有时间思考，去追求理想？

呃……我承认，但这和"碰"有什么关系？

"碰"的核心，就是追求理想（效率）啊！

因此，现代围棋喜欢"碰"的原因就是——吃饱了撑的！

开个玩笑。咱们下册见！